LE DESIR DE GAGNER DE L'ARGENT

KOSSI MAWUBEVI AMEVOR

www.ka-godson.com

EDITION 2023

LE DESIR DE GAGNER DE L'ARGENT

Kossi Mawubevi AMEVOR

DESCRIPTION

Les gens pensent que je suis exceptionnel

Ils ont tous tort,

En effet, je suis étudiant en troisième année de mathématique à l'université de Lorraine et je parviens à remplir les poches dans un fonds spéculatif. Cependant, ce n'est pas parce que je suis très bourrer d'intelligence ni que je suis un grand travailleur.

C'est juste à cause de mon désir de gagner de l'argent et d'être fortuné.

"Le désir de gagner de l'argent"

n'est pas juste une simple expression
mais plutôt un élément clé pour notre
réussite ainsi que notre survie.

À QUOI CONSISTE LE DESIRE DE GAGNER DE L'ARGENT ?

1

À QUOI CONSISTE LE DESIRE DE GAGNER DE L'ARGENT ?

Dans le dédale de la vie où les destins s'entrelacent, émerge le thème éternel du ''*désir de gagner de l'argent''*. C'est un flux argenté serpentant à travers les cœurs et les esprits, cette aspiration suscite des réflexions profondes et des récits captivants.

Le désir de gagner de l'argent, pareil à une énigme envoûtante qui traverse les âges et modélise les rêves humains. C'est comme, une étoile lointaine scintillant dans les cieux de l'ambition qui incite les âmes à s'élever au-delà de leurs limites. C'est un parfait reflet d'une dualité intemporelle, à la fois moteur d'accomplissements prodigieux et enraciné dans la quête éperdue d'une sécurité matérielle. Car d'un côté, il agit comme un moteur de réalisations prodigieuses qui alimente l'innovation, la créativité et le dépassement de soi. C'est aussi le feu sacré qui inspire les esprits à créer des œuvres d'arts monumentales, à construire des empires commerciaux et à changer le cours de l'histoire au fil des temps. Il pousse les âmes ambitieuses plein d'espoir à défier les frontières de l'impossible, à transcender les obstacles, les pires embarras, les pierres d'achoppement et les résistances qui jalonnent leur chemin, à embrasser la persévérance dans la poursuite incessante de l'excellence.

D'un autre côté, ce désir est aussi profondément enraciné dans la quête humaine de sécurité matérielle ; car c'est un bouclier contre l'incertitude qui offre une lueur d'espoir dans un monde imprévisible. C'est un remède à l'inquiétude, la clé pour accéder aux ressources nécessaires afin de pouvoir se nourrir, abriter et d'être protéger. Le désir de gagner de l'argent, dans sa manifestation la plus pragmatique, devient le fondement d'une vie équilibrée et confortable, une réponse au besoin de stabilité et de prévoyance.

Le désir d'accumuler des richesses transcende les époques et des cultures, traçant ainsi un tableau fascinant de l'essence humaine. Il reflète l'ambivalence profondément enracinée en chaque individu, naviguant entre une quête passionnée de la grandeur et le besoin fondamental de sécurité. À la fois moteur d'exploits hors du commun et pilier de stabilité au sein du tumulte du monde, il incarne une dualité captivante. Dans toute sa complexité, ce désir nous rappelle que les aspirations humaines sont tissées à partir d'une multitude de fils variés. Ces fils se croisent pour former une trame multicolore qui tisse la tapisserie complexe de nos existences. Il évoque également le panorama de nos rêves, de nos ambitions et des défis qui parsèment notre parcours, tout en offrant un éclairage sur la manière dont nous appréhendons le succès, la sûreté et le sens de la vie.

Imaginez un protagoniste avide, voguant sur le fleuve tumultueux de la vie, poussé par les courants du désir de richesse. Chaque geste, chaque décision, teintés d'opportunisme et de ruse, s'entremêlent pour former un récit captivant. Comparable à une toile tissée par le fil d'or de la convoitise, ce récit se déploie devant nous mettant en lumière l'équilibre délicat entre l'élévation sociale et les incontournables renoncements qui jalonnent ce voyage. Pourtant tout ces choix, ces décisions, ces efforts devient un motif distinct dans cette composition, apportant une profondeur saisissante à cette exploration des aspirations humaines. Et soulève les questions fondamentales sur la valeur que nous attribuons à nos rêves, sur les limites que nous sommes prêts à repousser pour les réaliser. Mais tous ces manifestations ne sont que des œuvres de notre désire de gagner de l'argent.

De l'autre côté du prisme narratif, un personnage peut embrasser le désir d'accumuler des richesses non pas comme une fin en soi, mais comme un moyen de réaliser des aspirations les plus nobles. Par le biais de ses expériences, le lecteur est convié à explorer les limites éthiques de la recherche de profit, à démêler les fils subtils qui lient l'argent au bonheur et à contempler les conséquences de choix motivés par une quête effrénée de richesse. Dans ces circonstances, Les expériences des personnages deviennent un miroir dans lequel le lecteur peut se refléter, questionner et explorer les nuances de l'âme humaine en quête de prospérité. C'est le cas des personnages les plus fortunées du monde dans le cours du temps.

LES FIGURES MARQUANTES DU MONDE RICHE

2

LES FIGURES MARQUANTES DU MONDE RICHE

Dans les enclaves dorées de l'oligarchie financière mondiale, certains noms se détachent comme des constellations lumineuses dans le ciel obscur de la richesse. Voici une liste de quelque nom des plus fortunées que le monde a connu ; bien qu'elle soit sujette à des variations dues aux fluctuations économiques, ces figures éminentes ont irradié parmi les rangs des êtres les plus riches et les plus fortunés de la planète.

Parmi ces titans de la richesse, nous retrouvons des figures emblématiques telles que **Jeff Bezos**, l'architecte, le visionnaire à l'origine d'Amazon ; un géant du commerce électronique qui a redéfini les habitudes d'achat à travers le globe.

« Le désir de gagner de l'argent de Jeff Bezos est alimenté par une combinaison d'intérêts personnels, professionnels et philosophiques qui ont contribué à façonner sa vision entrepreneuriale et à guider ses actions en tant que fondateur et leader d'Amazon. Son intérêt pour l'innovation et l'exploitation lui a permis de faire plusieurs découvertes. Son désir de gagner de l'argent lui permet de financer des projets innovants et de repousser les limites technologiques. Il voit l'argent comme un moyen d'explorer de nouvelles idées, de développer de nouvelles technologies ainsi que de créer des solutions novatrices pour les problèmes du monde réel.

L'argent a toujours été un moteur de croissance pour Bezos. Il a cherché à développer Amazon en une entreprise mondiale diversifiée, offrant une variété de produits et de services. Gagner de l'argent a été un moyen pour lui d'investir dans l'expansion de l'entreprise, d'entrer sur de nouveaux marchés et de répondre aux besoins changeants des consommateurs.   Gagner de l'argent est un indicateur de réussite pour lui, tant au niveau personnel qu'au niveau de l'entreprise. Il a démontré son engagement envers l'amélioration continue et la satisfaction du client en investissant dans des produits de qualité, une expérience utilisateur supérieure et des innovations disruptives.   En gagnant de l'argent à travers Amazon et d'autres entreprises, il a la capacité de créer des changements positifs qui touchent des millions, voire des milliards de personnes à travers le monde. Cela peut se traduire par la création d'emplois, la stimulation de l'économie et la fourniture de services innovants. Gagner de l'argent lui permet de financer ses projets spatiaux à travers Blue Origin et de poursuivre le rêve d'ouvrir de nouvelles frontières et de rendre l'espace accessible à tous. C'est ce qui réveille sa vision à long terme. Cette approche l'a amené à investir dans des projets à haut risque, mais à fort potentiel de perturbation et de croissance. Ce désir de gagner de l'argent qui a suscité des intérêts chez Jeff Bezos, ont contribué à façonner sa philosophie entrepreneuriale et à créer un héritage durable dans les domaines du commerce électronique, de la technologie et de l'exploration spatiale. »

À ses côtés se tient Elon Musk, un innovateur audacieux à la tête de Tesla et SpaceX, des entreprises qui propulsent l'exploration spatiale et la mobilité électrique vers de nouveaux horizons.

Mais, comme nous tous, Elon Musk n'a pas eu une enfance facile, sa vie était marquée par une série de défis, d'efforts acharnés et de moments de persévérance. Pourtant son désir de gagner de l'argent lui a permis de tout surmonter et de faire partir des personnes les plus fortunées au fil des temps. Je pourrais bien en dire plus sur son passé mais je préfère qu'on la découvre dans le livre ''L'envie de réussir''.

Le désir de gagner de l'argent d'Elon Musk s'enracine profondément dans sa vision personnelle du monde et dans ses aspirations pour l'avenir de l'humanité. Certes il est difficile de pénétrer complètement les motivations intérieures d'une personnalité aussi complexe, mais on peut discerner plusieurs facteurs qui ont façonné son désir de réussir financièrement et d'accumuler des ressources.

Musk est connu pour ses ambitions à long terme, notamment sa vision d'explorer et de coloniser Mars. Réaliser des projets aussi audacieux nécessite des ressources considérables, et la recherche de profits financiers peut jouer un rôle crucial dans le financement de ces initiatives technologiques de grande envergure.

Musk a cofondé Zip2, une startup qui a développé des solutions de cartographie en ligne pour les entreprises. Bien que Zip2 ait rencontré des défis initiaux, l'entreprise a finalement prospéré et a été vendue à Compaq pour environ 307 millions de dollars.

Après le succès de Zip2, Musk a cofondé X.com, une entreprise axée sur les services de paiement en ligne. X.com a finalement évolué pour devenir PayPal, une plate-forme de paiement électronique qui de nos jours a révolutionné les transactions en ligne. Cependant, le désir de gagner de l'argent de Musk devenait de plus en plus fort ce qui lui permet de vendre son action du PayPal ; acheté par eBay pour environ 1,5 milliard de dollars en actions. Cette vente de PayPal a marqué un tournant majeur dans la vie de Musk, lui procurant une fortune considérable. Il a utilisé ces fonds pour financer ses futurs projets ambitieux.

Musk créa après la vente du PayPal, le SpaceX qui visait à réduire les coûts des voyages spatiaux et à rendre l'exploration spatiale plus abordable. Le succès de SpaceX avec les lancements de fusées Falcon 1 et Falcon 9 a ouvert la voie à une nouvelle ère d'exploration spatiale privée. Parallèlement, Musk a également cofondé Tesla Motors (maintenant Tesla, Inc.), avec pour objectif de populariser les véhicules électriques et de réduire la dépendance aux combustibles fossiles.

Le désir de gagner de l'argent de Musk est alimenté par la nécessité de financer ces entreprises et de leur fournir les moyens nécessaires pour innover et réussir.

Sans doute ,nous nous demandons l'origine de la fortune des gens, comment ils parviennent à être riche. Oui, mais avant tout c'est le désir de gagner de plus en plus de l'argent qui aliment leurs passions, leurs projets, et parvient à transformer leurs rêves en réalité.

Nous connaissons tous, ou nous avons tous entendu parler de notre célebre William Henry Gates III, plus connu sous le nom de Bill Gates, un entrepreneur, informaticien et philanthrope américain, né le 28 octobre 1955 à Seattle, dans l'État de Washington. Il est l'un des fondateurs de Microsoft Corporation, l'une des plus grandes entreprises de technologie au monde.

Toutes ces passions pour la technologie et l'innovation, pour la création des opportunités d'affaire, et touts ces défis relevé pour parvenir au succès précoces de Microsoft, notamment avec le système d'exploitation MS-DOS et plus tard Windows, ainsi que son engagement envers la philanthropie sont poussés par le désir réussir autrement dit son désir de gagner de l'argent. Le désir de gagner de l'argent peut être lié à sa passion pour la création de logiciels innovants et utiles. L'opportunité de créer des produits qui impacteraient des millions d'utilisateurs à travers le monde a pu motiver Gates à poursuivre des projets lucratifs dans l'industrie technologique. Cependant, En fondant Microsoft avec Paul Allen, Bill Gates avait une vision audacieuse de mettre un ordinateur personnel sur chaque bureau et dans chaque maison. Pour réaliser cette vision, il a dû saisir les opportunités d'affaires, développer des logiciels qui répondent aux besoins du marché et construire une entreprise prospère. Gagner de l'argent était essentiel pour financer ces ambitions.

Les succès précoces de Microsoft, en particulier avec l'ascension fulgurante du système d'exploitation MS-DOS suivi de près par le succès de Windows, ont profondément enraciné dans l'esprit de Bill Gates un désir inextinguible de gagner de l'argent. Ces réalisations ont brillamment démontré le potentiel financier considérable que pouvaient offrir les produits informatiques, et elles ont servir de catalyseur puissant pour inspirer Gates à persévérer dans la voie de l'innovation et à continuer à concevoir de nouvelles solutions à la pointe de la technologie .Ces expériences et défis précoces ont contribué à façonner la mentalité, les compétences et la détermination de Bill Gates à mesure qu'il développait son désir de réussir financièrement et de laisser un impact durable sur le monde à travers l'innovation technologique et la philanthropie.

Ce désir ardents de gagner de l'argent a poussé plusieurs personnes à laisser de trace dans le monde et à participer à évolution de celui ci. C'est également le cas de **Bernard Arnault & Famille** - Le magnat français de l'industrie du luxe, Arnault, est à la tête de LVMH, une société mère regroupant des marques prestigieuses. **Mark Zuckerberg** - Le fondateur de Facebook, qui a tracé sa voie dans le monde des médias sociaux et de la technologie.**Warren Buffett** - Le "Sage d'Omaha", qui est connu pour ses stratégies d'investissement avisées et sa direction de Berkshire Hathaway. **Larry Ellison** -

Le co-fondateur d'Oracle, qui est un titan de la technologie et un amateur de sports nautiques.**Larry Page** & **Sergey Brin** - Les fondateurs de Google, Page et Brin, ont transformé la recherche en ligne et la publicité numérique.**Mukesh Ambani** - Un baron indien de l'industrie, Ambani, est à la tête de Reliance Industries, un conglomérat diversifié.

Le désir fort de gagner de l'argent ne laisse pas épargner les figures comme   Françoise Bettencourt Meyers et famille, François Pinault et famille; Alain Wertheimer; Gérard WertheimerJim Ratcliffe; Hinduja Brothers (Srichand et Gopichand Hinduja); David Reuben; Sir Leonard Blavatnik; Sir James Dyson;Mukesh Ambani; Gautam Adan; Shiv Nadar; Radhakishan Damani; Lakshmi Mittal; Zhong Shanshan; Ma Huateng (Pony Ma); Jack Ma; Xu Jiayin; Wang Jianlin; Aliko Dangote; Nassef Sawiris ; Nicky Oppenheimer & famille; Johann Rupert & famille ; Mike Adenuga ...

Certes, les motivations derrière le désir de gagner de l'argent pour toutes ces personnes les plus fortunées peuvent varier en fonction de leurs expériences personnelles, de leurs aspirations professionnelles ainsi que leurs objectifs.Mais l'élément clé pour leurs réussites reste le «désir de gagner de l'argent».

Cependant le désir de gagner de l'argent comme je l'ai mentionné, peut être influencé par une variété de facteurs personnels, sociaux et psychologiques.certains facteurs comme la sécurité financière, l'accomplissement personnel, l'amélioration de la qualité de vie, la réalisation de certains projets, le statut social, le pouvoir et l'influence, les compétitions et les comparaison, l'autonomie et liberté ainsi que la sécurité future contribuent à influencé la motivation complexe du désir de gagner de l'argent.

ce désir, comme je l'avais dit, est aussi profondément enraciné dans la quête humaine de sécurité matérielle. Il represente un bouclier contre l'incertitude, il offre une lueur d'espoir dans un monde imprévisible. C'est un remède à l'inquiétude, la clé pour accéder aux ressources nécessaires pour nourrir, abriter et protéger. Le désir de gagner de l'argent, dans sa manifestation la plus pragmatique, devient le fondement d'une vie équilibrée et confortable, une réponse au besoin de stabilité et de prévoyance.

C'est ainsi que ce désir de gagner de l'argent transcende depuis toujours les époques et les cultures, peignant une fresque qui illustre la complexité de l'âme humaine.

Il incarne l'ambivalence qui réside en chaque être, oscillant entre la poursuite passionnée de la grandeur et la nécessité fondamentale de sécurité. Il est à la fois le moteur de réalisations extraordinaires et l'élément stabilisateur dans l'incertitude du monde. Dans cette complexité, il nous rappelle que les aspirations humaines sont tissées d'une myriade de fils, créant une trame multicolore qui compose la tapisserie de nos vies.

POURQUOI GAGNER DE L'ARGENT?

3

POURQUOI GAGNER DE L'ARGENT?

Y' a t-il encore des gens qui posent cette question? Bah! Si c'est le cas en voici le passage qui va vous intéresser. De même pour ceux qui ne posent pas cette question. Pourquoi nous ne la posons pas? Ce passage nous le confirmera.

L'argent, ce métal luisant, convoité depuis des siècles, agit comme un aimant qui attire les âmes, leur offrant la promesse d'une sécurité bienveillante et d'une liberté tant désirée. C'est un trésor enfoui dans les profondeurs de notre ambition, il suscite en nous des rêves effervescents et nourrit nos espoirs de jours meilleurs.

Certes, gagner de l'argent est un objectif poursuivi par de nombreuses personnes à travers le monde, mais cela s'explique par une variété de raisons profondément ancrées dans la nature humaine.Dans cette quête effrénée de richesse, se profile la silhouette majestueuse de la sécurité financière. Elle se tient là, comme une sentinelle vigilante, scrutant avec bienveillance les horizons changeants de nos vies, prête à nous accueillir et à nous protéger contre les tempêtes imprévisibles qui secouent le navire de l'existence. Imaginez-la comme une forteresse solide émergeant de l'obscurité de l'incertitude.

En sa présence, l'argent devient la lanterne qui dissipe les ombres menaçantes de la précarité, jetant une lueur bienfaisante sur les chemins sinueux que nous empruntons. Elle est notre rempart contre les tumultes économiques, notre bouclier contre les difficultés financières, une oasis de stabilité au cœur du désert incertain de la vie.

Tel un abri sûr dans la nuit noire, elle nous offre une sensation de réconfort lorsque les vents de l'adversité soufflent avec fureur. Elle incarne la certitude que, même lorsque les sombres nuages de l'incertitude s'amassent au-dessus de nos têtes, nous disposons d'un refuge où trouver chaleur et sécurité. Cette sécurité financière devient ainsi bien plus qu'une simple accumulation de richesses ; elle devient la garante de notre sérénité, la gardienne de notre tranquillité d'esprit, et le roc solide sur lequel nous pouvons bâtir nos vies.

Cependant, il existe un panorama bien plus étendu que celui de la simple accumulation de richesses, une fresque grandiose dépeignant la liberté et l'autonomie. L'argent, un artefact enchanté, se transforme en la clef qui déverrouille les portes de nos choix personnels. Il devient le moyen par lequel nous pouvons prendre la plume de notre destinée en main, de tracer le chemin que nous désirons emprunter, tout en brisant les entraves qui pourraient nous retenir.

C'est comme si chaque billet de banque, chaque pièce métallique, devenait un outil de création, une palette d'opportunités, une baguette magique qui transforme les rêves en réalités. L'argent nous permet de prendre des décisions sans être restreints par les barrières financières, de suivre nos passions sans être assujettis à des contraintes monétaires. Il incarne l'indépendance, la capacité à être le capitaine de notre propre vaisseau naviguant sur les mers agitées de l'existence, à sélectionner nos propres étoiles pour éclairer notre trajectoire.

Cela va au-delà de la simple accumulation de richesses, car la véritable richesse réside dans la capacité à modeler sa propre vie selon ses aspirations personnelles. L'argent devient ainsi un moyen de traduire nos aspirations en actions, d'explorer de nouveaux horizons, de réaliser des aspirations jadis hors de portée. C'est à dire de réaliser des rêves autrefois inaccessibles. Il incarne l'expression la plus pure de notre libre arbitre, de notre capacité à sculpter notre propre récit, à définir nos propres succès, à créer notre propre héritage.

C'est également une mélodie enchanteresse qui résonne au plus profond de notre être, une symphonie complexe et riche en émotions qui célèbre nos accomplissements personnels. Gagner de l'argent se transforme en un chef-d'œuvre que nous composons avec passion, chaque note de cette partition musicale représentant un succès personnel, chaque mesure marquant une étape significative franchie vers l'apogée de nos réalisations.

Chaque note de cette mélodie évoque un triomphe, une victoire personnelle dans notre quête de prospérité. Chacune d'elles est une expression de notre détermination, de notre persévérance et de notre ingéniosité. C'est comme un compositeur qui écrit une partition musicale, nous choisissons soigneusement chaque note, chaque accord pour créer une harmonie parfaite qui accompagne notre chemin vers la réussite.Chaque succès financier est comme une harmonie harmonieuse dans cette symphonie de notre vie, créant une mélodie qui exprime notre dévouement, notre persévérance et notre quête perpétuelle d'excellence.Chaque étape franchie devient un crescendo, un moment d'intensité dans cette grande partition de notre existence, apportant une richesse profonde à notre expérience et une profondeur significative à notre récit personnel.

Au sein de cette danse éternelle qui conjugue ambition et responsabilité, l'argent se présente comme un partenaire silencieux mais éminemment influent. Il incarne la capacité de semer les graines de l'avenir avec une prévoyance astucieuse, de préparer le sol pour une récolte abondante, que ce soit en investissant dans l'éducation des générations à venir ou en édifiant un héritage qui, telle une relique précieuse, transcendera les barrières du temps.l'argent devient le catalyseur de ces réalisations durables.

C'est comme si chaque pièce monétaire, chaque billet de banque, devenait une graine d'opportunité, prête à être plantée dans le terreau fertile du futur. Imaginez-le comme le sol fertile où sont plantées les graines de l'éducation, de l'innovation et de la croissance.Chaque investissement devient un acte de foi en un avenir meilleur, une promesse de récoltes futures. Il permet donc de créer un legs, une empreinte dans le temps, une contribution qui transcende notre passage éphémère sur cette terre. L'argent devient ainsi l'outil grâce auquel nous pouvons façonner le monde de demain, en investissant dans l'éducation pour éclairer la voie des générations montantes, ou en érigeant des fondations solides pour des projets à long terme qui perdureront bien au-delà de notre propre existence. C'est un acte de responsabilité envers les générations à venir, une manière de bâtir des fondations solides pour les années à venir, de garantir que notre impact se perpétue au-delà de notre propre existence.

Il se révèle comme une force puissante, capable de générer des changements significatifs et d'insuffler la vie à des idéaux nobles. C'est un acteur subtil mais omniprésent dans la construction de l'avenir, une ressource précieuse qui permet de tisser les fils de l'héritage familial, culturel ou philanthropique. L'argent devient ainsi bien plus qu'une simple unité monétaire ; Il devient le tissu de nos engagements envers l'avenir, un allié silencieux mais puissant qui nous permet de jouer un rôle actif dans la création d'un monde meilleur. Chaque transaction financière devient une occasion de façonner l'avenir, c'est donc un levier pour transformer des aspirations en réalités, pour pérenniser des valeurs et des idéaux, et pour laisser une empreinte durable sur le monde que nous laisserons derrière nous.

Pouvoir et influence sont des joyaux précieux enchâssés dans la couronne de la prospérité, des attributs qui sont des artefacts puissants. Lorsqu'ils sont maniés avec sagacité et responsabilité, ils ont le pouvoir de forger des destins individuels et de redessiner le cours entier de l'histoire. L'argent, dans ce contexte, se transmue en un instrument de transformation extraordinaire, une clé universelle qui ouvre les portes de l'impact et du changement, non seulement pour ceux qui le détiennent, mais aussi pour les sociétés et les communautés qu'ils touchent. C'est comme si chaque billet de banque portait en lui la possibilité de catalyser un impact, de donner naissance à des initiatives et de soutenir des causes qui peuvent bouleverser des vies, des communautés et même des nations entières.

Imaginez l'argent comme un levier, capable de soulever des poids lourds d'injustice, de promouvoir l'équité, de financer la recherche scientifique innovante, de soutenir des artistes talentueux et d'ériger des institutions philanthropiques. Il devient le carburant qui alimente les moteurs du progrès et de l'amélioration sociale. Chaque dépense ou investissement devient une occasion de mettre en mouvement des forces positives, d'inspirer le changement et de contribuer au bien-être collectif.

Cependant, l'exercice de cette influence s'accompagne d'une charge considérable de responsabilité. Les choix financiers doivent être ancrés dans des principes éthiques solides, guidés par une vision à long terme qui va au-delà des intérêts personnels. Le pouvoir que confère l'argent doit être manié avec une prudence scrupuleuse, accompagnée d'une réflexion profonde sur les répercussions potentielles et l'impact qu'il peut avoir sur l'ensemble de la société.

Il est essentiel de comprendre que la richesse et l'influence financière ne sont pas des fins en soi, mais des moyens pour parvenir à des objectifs plus vastes. Ces ressources financières ne devraient pas être utilisées de manière égoïste ou indifférente aux conséquences sur autrui. Au contraire, elles devraient être mises au service d'une vision plus grande, d'une mission qui transcende l'individu. Lorsque l'on détient le pouvoir financier, il est crucial de se rappeler que les décisions prises peuvent avoir des répercussions durables. Chaque action financière peut influencer la vie de nombreuses personnes, de communautés entières, voire de la société dans son ensemble. Cela signifie que chaque choix financier doit être évalué avec une conscience aiguisée des conséquences potentielles, en tenant compte des valeurs éthiques et morales qui guident nos actions.

L'argent, jouant son rôle d'instrument de transformation et de progrès, atteint son apogée de signification lorsque nous réussissons à établir un équilibre subtil entre la prospérité personnelle et la responsabilité envers la communauté. C'est dans cette convergence harmonieuse que l'argent devient une puissante force, non seulement pour forger un avenir meilleur, mais aussi pour contribuer à l'édification d'une société plus équitable, équilibrée et éthique. Dans cet équilibre délicat, la richesse individuelle se marie harmonieusement avec le bien-être collectif, créant ainsi un un écosystème financier où le succès personnel se fond harmonieusement dans la prospérité partagée.

QUE PEUT FAIRE L'ARGENT ?

4

QUE PEUT FAIRE L'ARGENT ?

Gagner de l'argent fait parvenir la majorité pour ne pas dire tous, à subvenir à leurs joie.

Pour la plupart, L'investissement dans l'éducation des enfants est l'un des aspects les plus significatifs de l'importance de gagner de l'argent. Cette démarche englobe un large éventail d'aspects qui ont un impact profond sur la vie des jeunes et sur la société dans son ensemble.

Lorsque les parents parviennent à gagner de l'argent, cela ouvre la porte à la réalisation d'un investissement essentiel : l'éducation de leurs enfants. Ce soutien financier ne se limite pas à la simple acquisition de connaissances académiques, il s'étend bien au-delà pour englober l'accès à une palette riche et variée d'expériences d'apprentissage stimulantes. Cette éducation de qualité comprend notamment l'accès à des établissements scolaires de haut niveau, à des programmes éducatifs complémentaires, à des ressources pédagogiques supplémentaires, ainsi qu'à des opportunités d'exploration dans des domaines d'intérêt spécifiques.

Cet investissement englobe notamment la possibilité d'accéder à des écoles de grande qualité, où l'apprentissage est propice et stimulant au développement social et intellectuel. Il comprend également la capacité à participer à des programmes complémentaires qui élargissent les horizons des enfants, à avoir accès à des ressources éducatives supplémentaires pour approfondir leur compréhension des matières qui les passionnent, et à saisir des opportunités qui leur permettent d'explorer des domaines d'intérêt spécifiques.

Cette approche en faveur de l'investissement dans l'éducation repose sur une conviction profonde : celle que chaque enfant est un être unique, doté de talents et de passions singulières, et qu'il devrait avoir l'opportunité d'explorer ces aspects de manière holistique. Elle vise à les préparer à un parcours d'apprentissage continu tout au long de leur vie, en encourageant l'épanouissement de compétences essentielles, telles que la créativité, la résolution de problèmes, la pensée critique et la communication. Ces compétences ne sont pas seulement cruciales pour leur développement personnel, mais aussi pour leur réussite future dans un monde en constante évolution.L'impact de cet investissement ne se limite pas aux enfants eux-mêmes, il se répercute également sur la société dans son ensemble. Des individus bien éduqués ont tendance à contribuer davantage à la société, que ce soit par le biais de leurs contributions professionnelles, de leur participation civique ou de leur implication dans des causes sociales. Ils sont mieux équipés pour résoudre les défis complexes auxquels la société est confrontée et pour jouer un rôle actif dans l'amélioration de leur communauté.

 l'investissement dans l'éducation des enfants grâce à la possibilité de gagner de l'argent revêt une grande importance, car il façonne non seulement l'avenir des individus, mais aussi celui de la société dans son ensemble. Il offre aux jeunes la chance de réaliser leur potentiel et de devenir des citoyens engagés et productifs, contribuant ainsi à la construction d'un avenir meilleur pour tous. C'est un moyen d'assurer la pérennité des valeurs familiales et de contribuer au progrès de la société en formant des individus compétents et responsables. L'investissement dans l'éducation est bien plus qu'une simple acquisition de compétences académiques, mais plutôt une voie vers un épanouissement global et une réalisation personnelle.

Oui, épanouissement personnel, un aspect très essentiel de la vie. Cet aspect est grandement influencé par la manière dont nous gérons notre argent. Mais avant de gérer de l'argent il faut l'avoir! Comme je l'ai toujours insinué, L'argent ne se limite pas à une simple utilité matérielle, il devient un moyen de cultiver une vie enrichissante et épanouissante.il nous offre la liberté de poursuivre des passions et des intérêts qui nourrissent l'âme. Que ce soit la peinture, la musique, la danse, l'écriture, le jardinage, la photographie ou toute autre forme de créativité, l'argent permet d'investir dans les ressources, les équipements et les expériences nécessaires pour cultiver ces talents et hobbies. Il nous ouvre des portes sur des activités de loisirs et des expériences enrichissantes. . Que ce soit pour voyager, pratiquer un sport, participer à des ateliers ou fréquenter des événements culturels, ou socioculturels, l'argent permet de participer à toutes ses activités qui nous apportent la joie, satisfaction et épanouissement.

L'argent peut être investi dans des programmes de développement personnel tels que des cours de méditation, des séminaires de croissance personnelle, des retraites spirituelles, des cours de leadership, etc. Ces investissements peuvent favoriser la croissance personnelle, l'épanouissement émotionnel et la recherche de sens dans la vie. En ayant les ressources nécessaires pour prendre des congés, réduire les heures de travail ou s'offrir des pauses bien méritées, il devient possible de maintenir un niveau de stress moindre et de préserver sa santé mentale. Donc l'argent peut permettre de mieux équilibrer la vie professionnelle et la vie personnelle. Il peut également être utilisé pour renforcer les relations avec les amis et la famille en partageant des expériences spéciales, en offrant des cadeaux significatifs ou en organisant des réunions sociales. Bien-sur! Ces interactions enrichissent la vie et favorisent un sentiment de bien-être.

L'argent peut être alloué à des pratiques de bien-être telles que le fitness, le yoga, la méditation, les massages ou les soins de spa. Ces investissements dans la santé physique et mentale contribuent à un sentiment général d'épanouissement. Grâce à la gestion judicieuse de l'argent, il est possible de créer une existence qui nourrit à la fois le bien-être matériel et spirituel, contribuant ainsi à un épanouissement complet.

Le soutien aux entreprises locales est aussi une facette cruciale de la relation entre l'argent et la communauté, et il repose sur la reconnaissance du rôle central des petites entreprises dans le tissu économique et social d'une région. Après aboutissement à la procuration de l'argent, L'argent gagné peut être utilisé pour soutenir activement les entreprises locales en tant que consommateur. Cela signifie choisir consciemment d'acheter des produits et des services auprès de commerces de proximité, tels que les épiceries locales, les restaurants indépendants, les boutiques d'artisanat ou les prestataires de services locaux. Ce choix a un impact direct sur la vitalité de ces entreprises. Nous le savons tous que lorsque l'on dépense de l'argent au sein de sa communauté, cet argent circule localement, contribuant ainsi à renforcer l'économie locale. Les entreprises locales, à leur tour, réinvestissent une grande partie de leurs revenus dans la communauté sous forme d'emplois, de salaires et de contributions fiscales. Donc en soutenant les entreprises locales, l'argent contribue à la création et au maintien d'emplois au sein de la communauté. Les petites entreprises sont souvent des moteurs de création d'emplois locaux, offrant des opportunités d'emploi essentielles pour les résidents.

Lorsque l'on privilégie les entreprises locales, cela peut contribuer à réduire l'impact environnemental tout en limitant les déplacements de marchandises sur de longues distances ce qui favorise une approche plus durable du commerce. l'argent favorise donc le renforcement des liens sociaux et la création d'un sentiment d'appartenance. Il aide la communauté à mieux résister aux chocs économiques.

Sans oublier l'inévitable facteur, le plus important des facteur selon moi,: «la santé».

L'accès à des soins de santé de qualité est un élément fondamental de la vie de chaque individu, et l'argent joue un rôle central dans la facilitation de cet accès. L'argent offre la possibilité d'accéder à des soins de santé avancés, y compris des traitements médicaux de pointe, des interventions chirurgicales complexes, des diagnostics de haute précision et des technologies médicales de pointe. Ces options de soins avancés peuvent faire une différence significative dans le traitement des maladies graves. Ce dernier permet également de consacrer des ressources à la prévention des maladies et à la promotion du bien-être. Cela inclut les dépenses pour une alimentation saine, des programmes de fitness, des bilans de santé réguliers, des vaccins et d'autres mesures préventives qui contribuent à maintenir une bonne santé. Comme nous le savons, les personnes disposant de ressources financières peuvent se permettre de consulter des spécialistes médicaux renommés et des médecins expérimentés. Cela garantit un niveau de soins de santé personnalisé et expert. Car des soins de santé de qualité peuvent améliorer la qualité de vie de manière significative. Ils peuvent soulager la douleur, restaurer la mobilité, traiter des problèmes de santé mentale et favoriser un vieillissement en bonne santé. l'argent investi dans des soins de santé adéquats peut contribuer à prolonger l'espérance de vie en traitant efficacement les maladies, en fournissant des soins préventifs et en améliorant la santé globale.

L'argent gagné peut être considéré comme un investissement précieux dans la santé personnelle. Cela inclut les coûts associés à la souscription à une assurance maladie, à la consultation de professionnels de la santé et à l'achat de médicaments et de traitements médicaux. Ces investissements sont essentiels pour prévenir et traiter les maladies, améliorant ainsi la qualité de vie.

Cependant, ce dernier contribue également à réduire les inégalités de santé en permettant à ceux qui en ont les moyens d'accéder à des soins de qualité. Cela favorise une société plus équitable où chaque individu a une chance égale de mener une vie en bonne santé.

l'argent est un outil essentiel qui ouvre la porte à des soins de santé de qualité, améliorant ainsi la qualité de vie des individus tout en prolongeant leur espérance de vie. Il permet d'investir dans la santé personnelle et de garantir un accès à des traitements médicaux avancés. Cette relation entre l'argent et les soins de santé démontre que la santé est un domaine où la capacité financière peut avoir un impact significatif sur le bien-être et la longévité.

Alors! Comme nous le voyons, gagner de l'argent semble être inévitable. Il permet l'indépendance et la liberté, contribue à la société, permet la creation des emplois, favorise le développement et l'éducation, au soutien à la famille, contribue à la réalisation des rêves, réduit le stress financier, d'avoir l'autonomie financier. Il permet de réaliser ses passions créatives, de prévoir une diversité des expériences, de soutenir ses proches, d'investir dans des formations continues, d'accéder à des opportunités, d'intervenir en aide en cas de crises, de développer des compétences financiers, d'avoir plein de possibilité de voyager à travers le monde, et de planifier ca retraite.

L'argent fait donc tout ce qui est faisable.

Il est claire que le simple fait que l'on boit, mange, se douche, s'habille ne peut donc pas s'en passer du désir de gagner de l'argent. Même si ce désir ne se prononce pas à haute vois tout les jours comme des expressions de salutations, il est toujours là à l'intérieur de nous et cherche à tout pris à interagir afin de nous aidé à parvenir à notre bonheur.

LES INÉVITABLES QUESTIONS POUR PARVENIR À LA RICHESSE

5

LES INEVITABLES QUESTIONS POUR PARVENIR À LA RICHESSE

Chacun d'entre nous, en tant qu'individu humain, est intrinsèquement muni d'une orientation, d'un dessein personnel à poursuivre dans la grande aventure de la vie. La trajectoire de notre existence se construit de manière singulière en fonction des objectifs que nous nous fixons et des efforts que nous consentons pour exploiter pleinement l'ensemble de nos capacités intellectuelles, physiques et émotionnelles. C'est en canalisant ces ressources, en les développant de manière continue et en les mettant en œuvre de manière persévérante que nous nous propulsons vers le succès. Lorsque nous atteignons nos aspirations, nous réalisons un double bienfait : tout d'abord, nous enrichissons notre propre existence en la rendant plus épanouissante, et en conséquence, nous devenons une source de bonheur et d'inspiration pour ceux qui nous entourent, contribuant ainsi à égayer leur propre chemin de vie.

Chacun de nous, en qualité d'individu humain, nourrit le désir ardent d'accéder à l'opportunité d'obtenir les ressources financières requises pour pleinement subvenir à ses besoins élémentaires. Ces besoins englobent la capacité à assumer ses charges courantes, comme le paiement des factures, le règlement du loyer, payer les frais de scolarité de ses enfants et toutes les autres responsabilités cruciales qui ponctuent la vie quotidienne de chacun. Ce besoin de stabilité financière pour garantir une vie confortable et sécurisée est une aspiration profondément ancrée dans la condition humaine.

Cependant, au-delà de cette quête matérielle, il est impératif que chaque individu se livre à une réflexion profonde sur sa raison d'être dans ce monde. Les questions cruciales se posent :

Quelles sont mes valeurs fondamentales, et comment puis-je les intégrer davantage dans ma vie quotidienne ?

Quels sont les aspects de ma vie actuelle qui me procurent le plus de satisfaction et d'épanouissement ?

Comment puis-je aligner mes compétences et mes talents avec ma quête de sens et d'accomplissement ?

Quels sont les obstacles ou les croyances limitantes qui pourraient entraver ma réalisation personnelle, et comment puis-je les surmonter ?

Quel type d'héritage ou de contribution aimeriez-vous laisser derrière vous pour les générations futures ?

Comment puis-je créer un équilibre entre mes responsabilités financières et mes aspirations personnelles ?

Quelle est ma définition du bonheur, et quelles étapes puis-je entreprendre pour m'approcher de cette vision ?

Comment puis-je nourrir mes relations personnelles et contribuer au bien-être de mes proches et de ma communauté ?

Quels enseignements puis-je tirer de mes expériences passées pour orienter mon avenir de manière plus significative ?

Si je pouvais voyager dans le temps et donner des conseils à mon "moi" plus jeune, quelles leçons importantes lui transmettrais-je ?

Quelles sont les actions que je peux entreprendre dès aujourd'hui pour progresser vers la réalisation de mes objectifs personnels et contribuer positivement à la société ?

Quels sont les défis ou les obstacles que je suis prêt(e) à affronter pour atteindre mes rêves les plus chers ?

Comment puis-je cultiver une attitude de gratitude dans ma vie quotidienne, et en quoi cela peut-il influencer mon bonheur et mon bien-être ?

Quels sont les domaines de ma vie où je ressens le plus grand besoin d'amélioration, et quelles étapes concrètes puis-je entreprendre pour y parvenir ?

Comment puis-je trouver un équilibre entre la poursuite de mes rêves personnels et mes responsabilités envers ma famille et ma carrière ?

Quelles activités ou passions me procurent un sentiment de flow, où le temps semble s'écouler rapidement et naturellement ?

En quoi ma définition du succès diffère-t-elle de celle des autres, et comment puis-je m'assurer que ma vision personnelle est authentique et significative pour moi ?

Comment puis-je intégrer la notion de développement durable et de responsabilité environnementale dans mes choix de vie et de carrière ?

Quelles personnes, mentors ou modèles de réussite m'inspirent, et comment puis-je tirer des enseignements de leur parcours pour enrichir le mien ?

Quels rituels ou pratiques quotidiennes puis-je mettre en place pour cultiver ma croissance personnelle et mon bien-être à long terme ?

Quels sont les objectifs à long terme que je voudrais réaliser, et comment puis-je établir des jalons pour les atteindre progressivement ?

Comment puis-je nourrir ma créativité au quotidien et explorer de nouvelles formes d'expression artistique ou intellectuelle ?

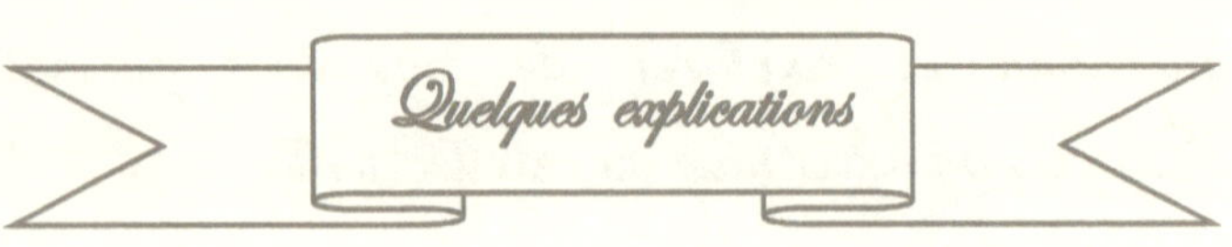

--- Quelles sont mes valeurs fondamentales, et comment puis-je les intégrer davantage dans ma vie quotidienne ?

Les valeurs fondamentales qui guident nos choix et nos actions sont les fondations de notre être. Pour moi, l'intégrité, la compassion et la créativité sont des valeurs essentielles. Intégrer ces valeurs dans ma vie quotidienne signifie agir avec honnêteté, traiter les autres avec gentillesse et rechercher constamment des moyens novateurs d'aborder les défis. En réfléchissant à ces valeurs, je prends conscience de la nécessité de prendre des décisions alignées sur elles, de façon à vivre une vie plus authentique et significative.

--- Quels sont les aspects de ma vie actuelle qui me procurent le plus de satisfaction et d'épanouissement ?

La satisfaction et l'épanouissement découlent souvent des activités et des expériences qui nous remplissent de joie et d'accomplissement. Pour moi, passer du temps avec ma famille et mes amis proches est une source inestimable de bonheur. Les moments partagés, les rires partagés et les souvenirs créés me nourrissent profondément. De plus, lorsque je m'engage dans des projets créatifs, tels que l'écriture, je me sens épanoui(e) et inspiré(e). Il est important de reconnaître ces aspects positifs de ma vie et de chercher à les cultiver davantage.

--- Comment puis-je cultiver une attitude de gratitude dans ma vie quotidienne, et en quoi

cela peut-il influencer mon bonheur et mon bien-être ?

La gratitude est une qualité précieuse qui peut transformer notre perspective sur la vie. Cultiver une attitude de gratitude signifie prendre le temps de reconnaître et d'apprécier les petites choses qui nous entourent, des sourires chaleureux aux leçons tirées des défis. En pratiquant la gratitude, je réalise à quel point ma vie est riche de bénédictions, même dans les moments difficiles. Cette attitude positive renforce mon bonheur et mon bien-être en me permettant de voir la beauté dans la simplicité et d'apprécier les cadeaux de la vie.

--- Quels rituels ou pratiques quotidiennes puis-je mettre en place pour cultiver ma croissance personnelle et mon bien-être à long terme ?"

La croissance personnelle et le bien-être sont des objectifs précieux, et il est essentiel de mettre en place des rituels quotidiens pour les soutenir. Pour moi, la méditation matinale et la tenue d'un journal de gratitude sont des pratiques inestimables. La méditation me permet de commencer la journée avec calme et clarté d'esprit, tandis que le journal de gratitude me rappelle constamment les bénédictions de ma vie. De plus, la lecture quotidienne d'ouvrages inspirants nourrit mon esprit et élargit mes horizons. Ces rituels sont des pierres angulaires de ma quête de croissance personnelle continue.

--- Quelles sont Les Valeurs Fondamentales liées à ma vie

Chacun d'entre nous porte en lui des valeurs fondamentales qui guident nos actions et nos décisions. Prenez un moment pour réfléchir à ces valeurs, qu'elles soient l'honnêteté, la compassion, la créativité ou autre chose. Comment pouvez-vous les intégrer davantage dans votre vie quotidienne ? En identifiant et en honorant vos valeurs, vous créerez un socle solide pour une vie épanouissante et alignée avec ce qui est vraiment important pour vous.

--- Comment puis-je cultiver une attitude de gratitude dans ma vie quotidienne, et en quoi

cela peut-il influencer mon bonheur et mon bien-être ?

La gratitude, cette émotion profonde et significative, possède un pouvoir transformateur sur votre bonheur et votre qualité de vie. L'intégration de la gratitude dans votre quotidien peut devenir une habitude précieuse. Consacrer un moment chaque jour pour réfléchir à ce qui suscite votre reconnaissance peut avoir des effets profonds sur votre bien-être. En méditant sur ces instants de gratitude, vous développez une perspective positive plus profonde, vous apprenez à apprécier les petites joies qui parsèment votre existence, et vous nourrissez un état d'esprit empreint de satisfaction. Cette pratique régulière de la gratitude peut ouvrir la porte à une vie plus riche en bonheur et en épanouissement personnel. En pratiquant la gratitude de manière régulière, vous créez un cercle vertueux qui contribue à améliorer votre bien-être et à cultiver une attitude plus positive envers la vie.

--- Si je pouvais voyager dans le temps et donner des conseils à mon "moi" plus jeune, quelles leçons importantes lui transmettrais-je ?

Si vous aviez l'opportunité de voyager dans le temps et donner des conseils à votre "moi" plus jeune, quelles leçons importantes partageriez-vous ? Nos péripéties antérieures regorgent de sagesses à assimiler. Penser à ce que vous auriez souhaité apprendre plus tôt peut servir de boussole dans vos décisions présentes et futures, vous autorisant à contourner certaines erreurs préjudiciables et à exploiter pleinement les occasions qui se présentent. Ce dialogue avec votre moi passé offre l'occasion unique de tisser un lien entre vos expériences vécues et la sagesse que vous avez acquis, créant ainsi une toile de connaissances et de discernement pour orienter votre chemin à venir.

--- L'équilibre Entre Responsabilités et Aspirations

L'équilibre entre nos responsabilités envers la famille, la carrière et nos aspirations personnelles peut être délicat.

Trouver l'équilibre entre les multiples facettes de nos vies, telles que nos engagements familiaux, nos ambitions professionnelles, et nos aspirations personnelles, représente souvent un défi complexe. Il est important de réfléchir à la manière dont nous pouvons orchestrer harmonieusement ces diverses dimensions de notre existence. Cela peut nécessiter la gestion judicieuse du temps, la détermination de priorités bien définies, ainsi que la recherche de stratégies concrètes permettant de concilier nos obligations envers nos proches avec la poursuite de nos rêves personnels. Cet équilibre délicat peut apporter une profonde satisfaction à notre vie, tout en nous aidant à réaliser nos objectifs personnels et à honorer nos engagements envers les autres.

--- Quelles activités ou passions me procurent un sentiment de flow, où le temps semble s'écouler rapidement et naturellement ? (L'état de Flow et la Passion)

Le "flow" est un état où vous êtes profondément immergé dans une activité qui vous passionne. Il s'agit d'un état de totale immersion, où l'harmonie entre les compétences de la personne et le défi présenté par l'activité crée une expérience quasi transcendante.

C'est en réfléchissant aux activités qui vous transportent dans cet état de "flow", où l'absorption est totale et le reste du monde s'efface, que vous pouvez découvrir des éléments essentiels de votre passion. Ces moments de flow offrent un éclairage précieux sur vos centres d'intérêt les plus profonds. Lorsque vous les identifiez, cela peut vous servir de guide pour explorer vos passions, vous épanouir davantage et construire une vie qui prend tout son sens autour de ce qui vous anime le plus. En fin de compte, le flow devient le phare qui éclaire le chemin vers une vie plus riche en significations et en accomplissements personnels.

--- *Quels sont mes rêves et aspirations les plus profonds ?*

Chacun de nous porte en lui des rêves et des aspirations qui animent son cœur. Ces rêves, qu'ils soient modestes ou grandioses, représentent les étoiles qui éclairent notre chemin de vie. Ils sont capables de donner un sens à notre existence et de nourrir notre soif de réalisation personnelle. La démarche consistant à les identifier, à les cultiver avec soin, et à travailler de tout cœur pour les concrétiser, représente le tout premier pas vers une vie emplie de satisfaction et d'épanouissement. Les rêves sont la trame qui tisse la toile de notre existence, la motivation qui nous pousse à nous dépasser, et l'espoir qui illumine notre avenir.

--- Comment puis-je aligner mes compétences et mes talents avec ma quête de sens et d'accomplissement ?

Les compétences et les talents dont nous sommes pourvus sont des présents précieux qui nous sont offerts, chacun étant unique en son genre. Cependant, pour que leur potentiel soit pleinement exploité, il est essentiel qu'ils s'alignent harmonieusement avec notre quête de sens dans la vie. Lorsque nous mettons en œuvre nos capacités au service de causes qui nous touchent profondément, notre travail devient une manifestation authentique de notre identité. C'est dans cette conjonction d'aptitudes et d'objectifs personnels que nous découvrons un sentiment d'accomplissement profond et gratifiant qui transcende le simple exercice de nos compétences pour devenir une véritable expression de notre essence et de notre mission dans ce monde.

--- Quels sont les obstacles ou les croyances limitantes qui pourraient entraver ma réalisation personnelle, et comment puis-je les surmonter ?

Au cours de notre existence, nous sommes fréquemment confrontés à des entraves, dont certaines proviennent de nos propres choix. Ces obstacles se matérialisent souvent sous la forme de croyances restrictives, qui s'insinuent insidieusement dans notre esprit pour nous convaincre que nous sommes incapables de concrétiser nos aspirations. Le point de départ essentiel pour atteindre la pleine réalisation de soi réside dans la capacité à identifier ces barrières, à les contester activement, et à entreprendre une transformation profonde de notre mentalité afin de les transcender. Ce processus exige une profonde introspection et un engagement personnel pour briser ces chaînes auto-imposées qui nous empêchent d'explorer notre plein potentiel.

--- Quel type d'héritage ou de contribution aimeriez-vous laisser derrière vous pour les générations futures ?

Notre vie est éphémère, mais l'impact que nous laissons peut-être durable. Contempler l'héritage que nous ambitionnons de léguer constitue un acte de projection sur le long terme. Cela nous amène à méditer sur les générations à venir et sur la manière dont nos actions actuelles sont susceptibles de forger un avenir plus prometteur pour l'ensemble de l'humanité. Cette introspection nous incite à nous interroger sur la portée et l'influence de nos décisions, nous encourageant ainsi à œuvrer en faveur d'une postérité plus riche et éclairée.

--- *Quelles sont les actions que je peux entreprendre dès aujourd'hui pour progresser vers la réalisation de mes objectifs personnels et contribuer positivement à la société ?*

L'action est la clé de la réalisation. Les rêves et les aspirations prennent vie lorsque nous passons à l'action. En définissant des étapes concrètes et en commençant dès aujourd'hui, nous pouvons nous rapprocher de nos objectifs personnels tout en apportant une contribution positive à la société qui nous entoure. Chaque petit pas compte sur le chemin de la réalisation personnelle et donne l'impact positif.

LES INCONTOURNABLES QUESTIONS SUR LA GESTION DE L'ARGENT

6

LES INCONTOURNABLES QUESTIONS SUR LA GESTION DE L'ARGENT

Cependant, après toutes ces questions, Il ne suffit pas de simplement chercher à accumuler de la richesse financière, mais requiert plutôt une introspection profonde sur la manière et les valeurs qui guident notre démarche pour atteindre cet objectif. La question du "comment" revêt une importance cruciale, car elle définit la manière dont nous sculptons notre propre trajectoire dans l'existence. Elle nous incite à réfléchir non seulement aux moyens financiers, mais également aux moyens moraux, éthiques et durables par lesquels nous pouvons forger un impact positif sur le monde qui nous entoure. Cette approche nous pousse à considérer la richesse non seulement comme une fin en soi, mais comme un moyen de contribuer de manière significative à la société, en harmonie avec nos convictions profondes et notre sens de la responsabilité envers l'environnement et la communauté.

Alors après avoir acquérir une part du gâteaux dans le fameux monde de la richesse on se lance à nouveau sur les questions concernant la gestion de nos profits de tous les jours. Des questions comme.

Comment puis-je élaborer un plan financier solide pour atteindre mes objectifs à court et à long terme, tout en gérant efficacement mon argent au quotidien ?

Comment puis-je améliorer ma gestion financière personnelle pour atteindre mes objectifs d'épargne et d'investissement à long terme ?

Quels sont les principes de l'investissement que je devrais connaître pour faire fructifier mes ressources financières et sécuriser mon avenir ?

Comment puis-je contribuer à la croissance de l'économie locale en tant que consommateur ou entrepreneur ?

Quelles politiques économiques et initiatives gouvernementales devraient être prioritaires pour stimuler l'emploi et la prospérité dans ma région ?

Comment puis-je promouvoir la durabilité économique et environnementale dans mes choix de consommation et d'investissement ?

Comment puis-je contribuer à l'autonomisation économique des communautés défavorisées et à la réduction des inégalités ?

Quels sont les indicateurs économiques clés que je devrais surveiller pour évaluer la santé de l'économie nationale et internationale ?

Comment puis-je gérer efficacement les risques financiers et les fluctuations du marché pour assurer la stabilité de mon patrimoine ?

Quels sont les défis et les opportunités économiques qui se profilent dans le monde, et comment puis-je m'adapter à ces évolutions pour prospérer ?

Quelles sont les tendances économiques actuelles qui pourraient avoir un impact sur ma situation financière, et comment puis-je m'adapter à ces changements ?

Quelles sont les stratégies d'investissement éthique ou socialement responsables que je pourrais adopter pour aligner mes décisions financières avec mes valeurs ?

Quels sont les principes de base de la planification de la retraite, et comment puis-je élaborer un plan pour garantir ma sécurité financière à long terme ?

Comment puis-je contribuer au développement économique de ma communauté locale en soutenant les petites entreprises et en participant à des initiatives de responsabilité sociale ?

Comment puis-je diversifier mon portefeuille d'investissements de manière à réduire les risques tout en optimisant le rendement ?

Quels sont les avantages et les inconvénients des différents systèmes économiques, et comment influencent-ils la répartition des richesses et des opportunités ?

Comment puis-je évaluer les avantages et les inconvénients d'investir dans des secteurs spécifiques de l'économie, tels que la technologie, l'immobilier ou l'énergie renouvelable ?

Quels sont les défis économiques mondiaux les plus pressants, tels que le changement climatique, les inégalités économiques ou la mondialisation, et comment puis-je contribuer à des solutions positives ?

Comment puis-je utiliser les technologies financières (fintech) et les applications pour optimiser ma gestion de l'argent et mes transactions au quotidien ?

L'ARGENT PEUT NOUS POUSSER À..

7

L'ARGENT PEUT NOUS POUSSER À...

Aujourd'hui, l'avidité, ce désir insatiable de richesse, peut bien malheureusement transformer l'essence de l'être humain, le conduisant à devenir insensible, prêt à aller jusqu'aux extrêmes pour satisfaire son désir d'argent. Cette quête dévorante de richesse a engendré des répercussions profondes, se manifestant par une série d'actes impitoyables, allant de la fraude et la corruption à des comportements extrêmes, parfois même incluant des actes inhumains tels que des sacrifices humains. Elle a contraint certains individus à reléguer leur conscience et leur compassion au second plan, au profit de leur recherche effrénée de richesse matérielle, engendrant ainsi des conduites choquantes et tout à fait inexcusables. Cette obsession pour la richesse a indubitablement des conséquences alarmantes sur la condition humaine et la moralité des individus. Ce qui les pousse à mettre de côté leur conscience et leur compassion au profit de la poursuite de la richesse matérielle.

L'insuffisance de ressources financières ne peut pas être simplement interprétée comme un indicateur de la pauvreté monétaire, mais plutôt comme le résultat direct d'une déficience au niveau spirituel, émotionnel, intellectuel et physique. De manière similaire, la plénitude financière ne peut pas être considérée comme une simple manifestation de la prospérité matérielle, mais plutôt comme la résultante d'un bien-être émotionnel, intellectuel, physique et spirituel.

Cela signifie que la pénurie d'argent découle souvent de problèmes plus profonds qui touchent l'âme, les émotions, l'intellect et la santé physique d'une personne. Cette situation ne se résume pas simplement à un déficit monétaire, mais révèle également des lacunes majeures dans d'autres aspects essentiels de l'existence.

En d'autres termes, l'insuffisance d'argent est souvent un symptôme externe de difficultés internes, englobant le bien-être de l'âme, les émotions, la capacité intellectuelle et la santé physique. Il est important de reconnaître que la précarité financière ne se produit pas isolément, mais est étroitement liée à des éléments plus profonds de l'expérience humaine, qui interagissent et s'influencent mutuellement. Par conséquent, remédier à cette pénurie exige souvent une approche holistique qui prend en compte ces multiples dimensions de la vie.

D'un autre côté, l'abondance de ressources financières n'est pas uniquement le reflet de la prospérité économique mais elle découle plutôt de l'expression d'une richesse bien plus profonde et holistique. Cette richesse transcende les seuls biens matériels pour englober des dimensions tout aussi cruciales de l'existence humaine.

En effet, la véritable opulence réside dans un équilibre harmonieux entre divers aspects de la vie. Elle se manifeste par la présence d'une santé émotionnelle épanouie, signifiant une capacité à gérer et à exprimer ses émotions de manière saine. Elle s'exprime également à travers une quête incessante de développement intellectuel, nourrissant la curiosité et l'apprentissage continu. La vitalité physique, qui se traduit par une bonne condition physique et une santé robuste, est également un pilier de cette richesse globale. Enfin, il convient de ne pas négliger l'importance de l'harmonie spirituelle, qui peut se manifester par une connexion profonde avec des valeurs personnelles, une recherche de sens et une compréhension spirituelle du monde qui nous entoure.

Table des matières

PROPOS DE L'AUTEUR

Je me nomme Kossi Mawubevi AMEVOR, auteur du livre intitulé ''L'ENVIE DE RÉUSSIR ''. Mon histoire débute le 3 décembre 2000 à Lomé, au Togo, où j'ai vu le jour. Actuellement, je suis étudiant en troisième année de licence au département de mathématiques de l'Université de Lorraine, en France.

Depuis mon plus jeune âge, ma vie a été façonnée par une passion inébranlable pour les sciences mathématiques et les données. Résoudre des problèmes complexes, explorer les subtilités des mathématiques et comprendre les mystères des nombres ont toujours été pour moi une source incommensurable de fascination. Chaque équation résolue, chaque théorème découvert, ont contribué à mon épanouissement intellectuel, éveillant ma curiosité et alimentant ma soif de connaissance.

En parallèle de ma fascination pour les mathématiques, j'ai également découvert un intérêt profond pour les langues et la littérature. Apprendre de nouvelles langues, plonger dans les méandres des textes littéraires, et découvrir les cultures du monde à travers la poésie et la prose ont façonné ma vision du monde. Cet intérêt m'a permis d'explorer les différentes facettes de l'humanité, d'appréhender la richesse de la diversité culturelle et de renforcer mon ouverture d'esprit.

L'humilité est une valeur fondamentale qui occupe une place de première importance dans ma vie. Chaque jour, je m'efforce de maintenir une attitude d'ouverture envers les connaissances et les leçons que les autres ont à offrir. Je suis profondément convaincu que l'apprentissage est un voyage continu, et que c'est en écoutant, en échangeant et en collaborant que nous progressons en tant qu'êtres humains. La recherche perpétuelle de la connaissance, combinée à l'humilité, sont les piliers sur lesquels je bâtis mon parcours académique et personnel.

REMERCIEMENTS

Ce livre, fruit de mes efforts et de ma passion pour l'écriture, n'aurait pas pu prendre forme sans le précieux soutien et les encouragements inestimables de mes lecteurs. À vous tous, qui avez pris le temps de m'envoyer des mails, de rédiger des articles de blog, de partager des critiques et des commentaires sur les réseaux sociaux, je tiens à exprimer ma profonde gratitude. Votre soutien indéfectible a été une source d'inspiration incommensurable tout au long de ce voyage littéraire, et pour cela, je vous dis un immense merci.

Je souhaite également adresser des remerciements spéciaux à mon oncle bien-aimé, Etonam Akakpo, dont le soutien inébranlable m'a accompagné à chaque étape de la création de cet ouvrage. Aussi à Noella Chritiane, Sa confiance en mon talent et son encouragement constant ont été des piliers sur lesquels je me suis appuyé pour poursuivre mon travail avec détermination.

À Léa Fiagbé, je veux exprimer toute ma profonde reconnaissance. Ton soutien, ta critique constructive et ton amitié sincère ont été des éléments précieux de ce processus créatif. Ta contribution a apporté une touche d'excellence à ce livre.

Un grand merci s'adresse également à ma famille et à mes amis, ainsi qu'à mon proviseur ZIKPI kossi. Vous avez été une source d'inspiration constante, et bien que ce livre m'ait parfois gardé éveillé pendant de longues nuits d'écriture, votre soutien indéfectible et votre compréhension m'ont permis de poursuivre.

Merci du fond du cœur!

DÉCOUVREZ UN EXTRAIT DE

''L'ENVIE DE RÉUSSIR''

2

Les chemins vers la réussite

Dans la vaste symphonie des chemins vers la réussite, chaque individu est appelé à trouver sa voie, son propre tempo dans cette quête éternelle. Les exemples foisonnent autant de variations inspirantes, pour illustrer les multiples façons d'atteindre l'apogée de ses aspirations.

L'un choisit l'entrepreneuriat, devenant le maestro « le maître » de sa propre destinée. Il crée son entreprise, érigeant les fondations solides d'un édifice ambitieux. Avec audace et vision, il identifie un besoin latent dans la société, élabore un produit ou un service unique, et déploie une stratégie ingénieuse pour conquérir les cœurs et les marchés.

Un autre embrasse les études et la recherche, explorant les recoins mystérieux des connaissances humaines. Un véritable alchimiste moderne, il se plonge dans les profondeurs d'un domaine spécifique, repoussant les frontières de la compréhension et contribuant à l'épanouissement des savoirs. Par le biais d'un doctorat ou d'une recherche novatrice, il se forge une place d'excellence et tisse les mailles d'une trame encore inédite.

Certains puisent leur essence dans les arts et la créativité. Peintres, musiciens, écrivains, danseurs ou acteurs, ils se fondent dans les notes, les mots ou les mouvements, donnant vie à des chefs-d'œuvre qui transcendent les âmes. Leurs créations touchent les esprits, font naître des émotions ardentes et résonnent dans les cœurs, laissant une empreinte indélébile dans l'histoire de l'humanité.

D'autres trouvent leur élan dans les arènes sportives, où les muscles et l'endurance défient les lois de la nature. Athlètes de haut niveau, ils repoussent les limites de leurs corps et de leur esprit, rivalisant avec les meilleurs dans la quête de records et de médailles. Ils incarnent la puissance, la détermination et l'élégance dans chaque mouvement, inspirant les générations futures à viser toujours plus haut.

Certains tracent leur chemin dans la carrière professionnelle, grimpant les échelons avec détermination et audace. Par l'expérience, le développement de compétences et la recherche incessante de nouveaux défis, ils s'élèvent vers les sommets de leur domaine d'expertise. Leurs accomplissements témoignent d'un parcours jonché d'obstacles vaincus, d'une dévotion indéfectible et d'une maîtrise de soi imparable...

www.ingramcontent.com/pod-product-compliance
Lightning Source LLC
LaVergne TN
LVHW041732190726
843493LV00008B/2323